AF502523

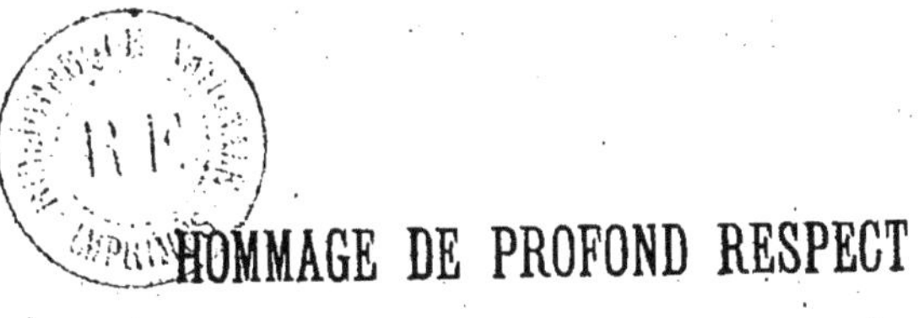

HOMMAGE DE PROFOND RESPECT

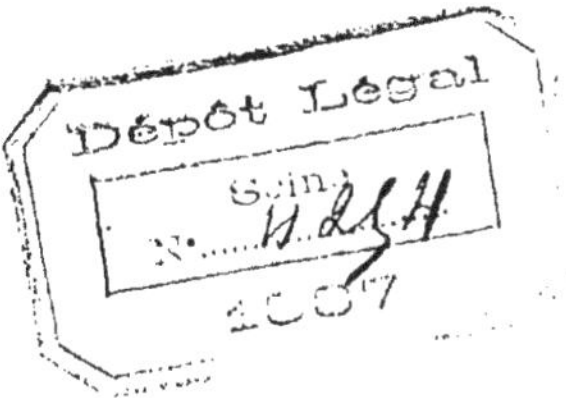

BIOGRAPHIE

DE LA

BARONNE DAUMESNIL

Surintendante Honoraire

DE LA LÉGION D'HONNEUR

1795-1884

PAR

UNE ANCIENNE ÉLÈVE DE SAINT-DENIS

Vtesse Thérèse de Clairval

PARIS

IMPRIMERIE Ve ÉTHIOU PÉROU ET FILS

2 ET 4, RUE DE DAMIETTE

1887

LA BARONNE DAUMESNIL

Anne-Fortunée-Léonie Garat, née le 29 juin 1795, au Chesnay, près de Versailles, était fille du premier directeur de la Banque de France. Elle puisa dès l'enfance, auprès de ses parents, les vertus et le courage qui illustrèrent sa vie. Son père, le baron Martin Garat (1), avait été incarcéré sous la Terreur à la prison de la Force, et ne dut son salut qu'à la mort de Robespierre. Elle fut l'ange du foyer, entourant ses parents des soins les plus tendres et montrant déjà le cœur le meilleur et le plus compatissant aux maux de ses semblables.

Le 12 février 1812, Léonie Garat épousa le colonel Daumesnil (2), qui sortait des

---

(1) N'a aucune parenté avec le Ministre de la Justice, Dominique Joseph Garat.

(2) La famille Daumesnil était noble et portait « de gueules à deux chevrons d'or, accompagnés en pointe d'une

chasseurs à cheval de la Garde Impériale. Il avait eu la jambe gauche emportée à Wagram en chargeant à la tête de son régiment. Ce fut même à cette jambe coupée que Daumesnil

---

fleur de lis d'argent. » Les fleurs de lis étaient concédées aux familles pour services rendus au Roi et à l'État. Daumesnil a donc eu dans ses ancêtres des exemples de dévouement et de fidélité. (Élection de Caen, tome III, supplément page 52, tome IV, page 546 du Dictionnaire héraldique, édition de 1767, manuscrits de Chamillard et d'Hozier). Daumesnil, ou plutôt Aumesnil, est une terre située paroisse de Cintheaux, à mi-route de Caen à Falaise. Elle eut d'abord des seigneurs particuliers auxquels elle donna son nom. Les Cartulaires mentionnent Roger d'Aumesnil en 1217, Pierre d'Aumesnil en 1250, Guillaume d'Aumesnil en 1251. La famille se divisa alors en plusieurs branches; une d'elles alla à Falaise, où Pierre d'Aumesnil était bourgeois en 1385; une autre, ruinée, se fixa à Caen et y forma plusieurs rameaux. On en a retrouvé deux principaux dont on a pu suivre la filiation. L'un, depuis Gaspard d'Aumesnil, échevin de Caen en 1671, dont le fils fut secrétaire du Roi; l'autre, depuis Gabriel d'Aumesnil, trésorier de France; Jean-Baptiste d'Aumesnil, dont le fils se maria avec Élisabeth Manoury, dont Pierre et Jacques d'Aumesnil. Jacques d'Aumesnil épousa Madeleine Rivière, dont Jean d'Aumesnil, né le 7 décembre 1704, marié le 10 octobre 1725 à Marguerite Couture, dont Jean-François.

Jean-François Daumesnil, père du général, et sa mère, Anne Piétré, sont nés à Fresnay, canton de Bretteville-sur-Laize, près de Caen, ainsi que le constatent des pièces

dut son mariage, car dès qu'il fut présenté à Mlle Léonie Garat, le cœur de celle-ci se remplit de tendre intérêt et de douce compassion pour un soldat si brave et sitôt mis hors de combat! « Le refuser, dit-elle à sa mère, Dieu

---

authentiques et les registres de l'état civil de la commune de Fresnay, dont :

Honorine Daumesnil, qui épousa le marquis de Chastenet d'Église-Neuve, dont une fille non mariée, Julie-Azémia, morte à Périgueux en 1870, — et Yrieix-Pierre Daumesnil, né à Périgueux, le 27 juillet 1776, général de division, baron de l'Empire, gouverneur de Vincennes, décoré de l'Ordre de la Légion d'honneur, de la Croix de Saint-Louis, de la Couronne de fer, etc., etc. Si le hasard de la naissance de Daumesnil est échu à la ville de Périgueux, où son père et sa mère ont habité momentanément, on doit les considérer comme Normands d'origine, parce qu'ils sont nés l'un et l'autre en Normandie.

Le général Daumesnil épousa, en 1812, Anne-Fortunée-Léonie Garat, depuis Surintendante de la Légion d'honneur.

Les armoiries données par Napoléon Ier au général Daumesnil étaient : coupé le 1er parti de simple au cor de chasse d'or au signe de Baron tiré de l'armée; le 2e, d'azur au trophée de 7 drapeaux et 4 fusils avec baïonnettes d'argent, soutenues de 2 tubes de canons de même. D'après l'armorial de l'Empire, le franc quartier de Baron tiré de l'armée est de gueules à l'épée haute en pal d'argent. Il se met à sénestre.

m'en garde ! Il attribuerait mon refus à son malheur, et c'est ce malheur qui m'attire... »

La baronne Daumesnil fut en tout point la digne compagne du héros de Vincennes et fut presque aussi vaillante que lui. Elle traversa le camp ennemi, réuni autour de Paris en 1814, pour aller rejoindre son mari, et en 1815, où pour la deuxième fois le général défendit la place contre l'invasion étrangère, elle s'exposa de nouveau pour rester près de lui au poste d'honneur. Pendant ces divers voyages de Paris à Vincennes, sous le feu des balles et des obus, la baronne Daumesnil faisait passer et donnait des vivres aux pauvres de la ville dont elle était la Providence,

En 1830, alors que les ministres de Charles X étaient enfermés dans le Donjon, le prince de T... fit offrir un million à la baronne Daumesnil, si elle consentait à détourner un instant l'attention du général, afin qu'on pût les faire évader. Elle fit à l'envoyé du prince de T... la même réponse que son mari à Blücher :

« Mon refus servira de dot à mes enfants. » Mais tous les procédés, comme elle savait en avoir, tous les adoucissements, comme elle savait en inventer, furent prodigués, par son influence, aux infortunés ministres.

Voici la copie d'une lettre de remerciement de Mme la comtesse de Guernon-Ranville, dont le mari détenu avait été, ainsi que M. de Chantelauze, l'objet des attentions particulièrement délicates du général et de Mme Daumesnil :

« Madame la Baronne,

« . . . .

« . . . . . J'ai appris avec peine que vous n'êtes point contente de votre santé, ce qui me prouve de nouveau que mes désirs sont peu efficaces et c'est un chagrin de plus pour moi! Je ne puis vous dire, Madame, combien j'ai été touchée de la visite et de l'intérêt du général! Veuillez encore être mon interprète auprès de lui, et recevoir vous-même la nouvelle assurance des biens tendres sentiments que vous m'avez inspirés et du désir que j'aurai toujours à pouvoir vous le prouver.

« Soyez assez bonne aussi, Madame, pour offrir mes affectueux compliments à Mme la baronne Greiner (1).

« Comtesse de Ranville. »

Plus tard, ce fut toujours avec attendrissement que la baronne Daumesnil racontait ces souvenirs d'autrefois à ses petits-enfants. Elle se plaisait à citer aussi les illustres visites qu'elle avait reçues pendant son séjour à Vincennes : Napoléon Ier (2), le roi Louis-Philippe et la reine Marie-Amélie, les princes leurs fils, etc. Mme Daumesnil avait surtout la mémoire du cœur pour la bonté et la grâce de

---

(1) Femme du colonel Greiner, commandant la place de Vincennes.

(2) Quand Napoléon visita le fort de Vincennes de son brave Daumesnil, qui à Wagram et en Égypte lui avait sauvé deux fois la vie, Mme Daumesnil présenta à l'Empereur son fils Léon, alors au berceau. Napoléon le baisa au front et demanda à sa mère ce qu'il pouvait faire pour lui. — « Rien de plus, Sire, » répondit-elle.

la reine! Les jeunes princes, et particulièrement Monseigneur le duc de Montpensier, venaient souvent jouer avec les enfants du général, et voici une lettre adressée de la part du jeune duc, par M. Cuvillier-Fleury, au général Daumesnil, et qui atteste ce que nous venons de dire :

« Palais-Royal, 18 avril 1831.

« MONSIEUR LE BARON,

. . . .

« Monseigneur le duc de Montpensier espère que Mlle Marie, votre fille, voudra bien accorder une place dans sa bibliothèque aux quatre petits volumes qu'il vient de choisir dans la sienne. C'est aussi parmi ses joujoux qu'il a voulu choisir la boîte qu'il envoie à Mademoiselle Louise (1), et qui n'a d'autre prix que l'offre vraiment sans façon qu'il me charge de lui en faire.

---

(1) Mariée à M. Morizot, receveur des Finances, qui a eu une si belle conduite pendant la guerre de 1870, et qui en a été récompensé par la croix de la Légion d'honneur.

« Le jeune prince, ainsi que ses frères, me prient de vous renouveler et de faire agréer à Mme Daumesnil et à l'excellent colonel du 11e (1), leurs remerciements les plus sincères et les plus empressés. Permettez-moi d'y joindre les miens, avec l'assurance de la haute considération avec laquelle j'ai l'honneur d'être, Monsieur le baron, votre très-obéissant serviteur.

« Cuvillier-Fleury. »

En 1832, la baronne Daumesnil devint veuve. Le général, qui plaisantait en parlant du choléra et qui disait : « Je le traiterai en ennemi, et l'entrée de la citadelle lui est défendue », eut à subir un cruel démenti, hélas ! Il fut une des premières victimes de cet horrible fléau, qui le prit en pleine santé et en plein bonheur ! Son épouse dévouée et ses enfants ne le quittèrent pas pendant cette courte et terrible maladie. Il avait vécu en héros, il mourut en chrétien, pressant sur ses lèvres déjà froides

(1) Le baron Greiner.

le christ d'ivoire donné par le pape Pie VII. Mais si la baronne Daumesnil eut une douleur profonde, Dieu y proportionna son courage!

Le cortège des obsèques du général qui avait rendu les derniers devoirs au général Foy fut immense. Après le fils de Daumesnil venaient le général Exelmans, M. Dupin aîné, des officiers généraux de toutes armes, des ambassadeurs, des magistrats, des députations de la Garde nationale de Paris et de la banlieue, des Écoles Polytechnique et du Commerce, des Invalides et de la garnison de Vincennes. Au champ du repos, M. Dupin fit entendre une improvisation émue qui se terminait par ces généreuses paroles : « Sommeille en paix dans cette terre que tu as sauvée! Ton âme est au ciel, ton nom est à l'histoire, tes enfants sont à la France! » Malgré la réserve imposée en pareil lieu, des applaudissements se mêlèrent aux salves des canons et au roulement des tambours!

S'il est des consolations à un aussi grand

malheur, la baronne Daumesnil en reçut et des plus précieuses. Le 28 décembre 1832, le Conseil municipal de Périgueux décida, à l'unanimité, que le portrait du général serait placé dans la salle de ses séances; qu'une table de marbre, portant, gravés en lettres d'or, son nom et la date de sa naissance, serait placée sur la façade de la maison où il naquit et que la place Royale s'appellerait désormais place Daumesnil.

De son côté, Vincennes rivalisait de sympathique hommage avec Périgueux. L'un revendiquait l'honneur du berceau; l'autre, celui de la tombe! Vincennes ne s'en tint pas à offrir un dernier asile à son défenseur, elle voulut qu'une inscription, gravée sur la colonne s'élevant au-dessus du monument funèbre, et portant en tête les dates 1814 et 1815, racontât aux siècles futurs tout ce noble passé :

Au général Daumesnil, la commune de Vincennes reconnaissante.

Quant à la pauvre veuve, elle se renferma dans son deuil et se retira du monde avec ses enfants, jusqu'en 1851, où le prince Président, depuis Napoléon III, la nomma à la surintendance de Saint-Denis, devenue vacante par la mort de la baronne Dannery. La baronne Daumesnil citait comme un de ses souvenirs les plus flatteurs le jour où elle fit son entrée dans cette belle maison dont la noble devise : « Honneur et Patrie », semblait le résumé de sa vie tout entière. La réception qui lui fut faite dépassa toutes ses espérances. Elle y resta dix-huit ans, et ne cessa de l'administrer avec la plus grande sollicitude et y donna l'exemple des plus grandes vertus. On la trouva nuit et jour au chevet des malades pendant les épidémies, telles que fièvres typhoïdes, angines, choléra, etc., assistant à toutes les opérations chirurgicales, entre autres à l'amputation d'un pied faite à une fille de service, à l'extraction de l'œil d'une élève dont le père écrivit la lettre ci-jointe, quelques jours après l'opération, à la baronne Daumesnil :

« Châlons, 20 février 1860.

« Madame,

Il y a des personnes qui font des actions tellement belles, tellement grandes, tellement généreuses, si pleines de dévouement, si charitables et si sublimes enfin, qu'il n'y a que la plume d'un poète ou le pinceau d'un peintre, de bien capables d'en faire admirer comme il convient tout le mérite, toute la beauté. Celle que vous avez faite pour ma fille, Madame, à l'occasion de l'opération douloureuse qu'elle vient de subir, est de ce nombre. En effet, est-il quelque chose de plus beau, de plus grand, de plus généreux, de plus dévoué, de plus sublime et de plus chrétien, que de voir une femme de votre âge, de votre rang, occupant une place si élevée, ne pas dédaigner compatir aux souffrances physiques et morales d'une enfant qui lui est pour ainsi dire étrangère, vouloir en être témoin et les partager afin de l'exhorter à la résignation? Mme Lebon et moi sommes vivement pénétrés de reconnaissance; je dois donc me borner purement et simplement à vous remercier du plus profond de nos cœurs et à vous dire qu'ils en ont été fortement touchés, que nous en avons versé d'abondantes larmes d'attendrissement.

Veuillez, Madame, daigner les agréer comme l'expression la plus sincère, la plus vive et la plus profonde de notre reconnaissance.

J'ai l'honneur d'être avec le plus profond respect, Madame,

Votre très humble et très dévoué serviteur.

Le Capitaine en retraite, Chevalier de la Légion d'honneur,

LEBON.

Une grande affliction était réservée au cœur de Mme la baronne Daumesnil. En 1863, elle perdit en peu de jours une fille chérie, Mme Louise Morizot, âgée de trente-six ans, modèle de toutes les vertus. C'était *la femme de bien* dans toute l'acception du mot, et ceux qui l'ont connue ne l'oublieront jamais. Elle confia à sa mère, en mourant, sa fille Thérèse (1), son unique et chère enfant, qui depuis et après son mariage n'a jamais quitté son aïeule! Quelle affection et quelle reconnaissance unissaient ces deux âmes! La baronne Daumesnil était adorée de toute la maison de Saint-Denis, et petits et grands, dans leurs jours d'infortune, venaient se réfugier au foyer de son cœur!

Les parents des élèves se souviendront toujours de l'accueil facile, de l'aménité, de l'esprit de justice de Mme Daumesnil. C'est elle qui, la première, a fondé la caisse de secours des anciennes élèves, déposée chez l'inspectrice, pour venir en aide à celles qui, étant sorties de la maison, se trouvent dans le besoin. Les sœurs de charité de la ville de Saint-Denis se souviendront aussi, devant Dieu, de tous les vêtements, des secours de toutes sortes que la Surintendante leur remettait pour l'Hôtel-

(1) Aujourd'hui la vicomtesse de Clairval.

Dieu, l'ouvroir et les pauvres. Ce cœur si bon ne pouvait souffrir qu'il y eût des malheureux, et c'étaient surtout les pauvres petits enfants qui attiraient sa pitié! Je l'ai entendue raconter ses insomnies cruelles à la pensée qu'il y avait des enfants sans pain, battus et martyrisés. Dans les dernières années de sa vie, on lui avait rapporté qu'un petit garçon qui n'avait pas mangé durant tout un jour avait dit à sa mère : « Il faut espérer que peut-être nous mangerons demain! » Mme Daumesnil n'eut de repos que lorsqu'elle eut assuré l'existence du fils et de la mère, et jusqu'à son dernier jour elle paya le loyer de ses protégés. Tous les ans elle habillait un ou deux enfants pour la première Communion, et c'était une joie des yeux et du cœur que de voir et d'entendre la façon dont elle faisait ses bonnes œuvres!

En 1870, la baronne Daumesnil, très fatiguée et très souffrante, donna sa démission de surintendante à l'empereur Napoléon III, qui ne l'accepta qu'avec regret. Il savait quelle femme de mérite, quelle mère, la maison de Saint-Denis allait perdre! Et il lui donna le titre de surintendante honoraire. Mais si la perte fut grande pour les enfants de la Légion d'honneur, combien plus en cette année 1870, de douloureuse mémoire, les Français durent-ils regretter de n'avoir pas à leur tête, pour repousser l'ennemi, un général tel que Daumesnil, dont l'héroïque bravoure eût soutenu, entraîné, électrisé nos malheureux soldats dévoués à la patrie! Et si, malgré tous leurs efforts, nous avions été ce que nous sommes, hélas! les vaincus d'aujourd'hui (je ne parle pas de demain), avec Daumesnil, *qui n'a voulu ni se rendre ni se vendre* (1), ils se seraient fait tuer en criant : « Vive la France! » et le drapeau leur eût servi de linceul!

Dans l'année 1873, il fut décidé qu'une statue serait élevée à Vincennes au général

---

(1) Paroles de M. Dupin à la Chambre des Députés.

Daumesnil, en face du fort qu'il avait si vaillamment défendu. La cérémonie d'inauguration fut splendide. La baronne Daumesnil y assistait entourée de ses enfants et de ses nombreux amis. Ce fut une douce émotion pour son cœur lorsque tombèrent les voiles qui cachaient la statue de celui qu'elle avait tant aimé! Il y eut plusieurs discours, du général de Ladmirault, du maire de Vincennes, du maire de Périgueux, du baron Larrey, fils du célèbre chirurgien qui avait amputé le général sur le champ de bataille de Wagram, puis le défilé de toutes armes commença, le général de Ladmirault, gouverneur de Paris, en tête. Ce qui parut le plus touchant fut la députation des Invalides, qui attendrit la foule et excita les applaudissements, quand on vit ces braves mutilés venir rendre hommage à celui que la France nomme encore « la jambe de bois! »

Après la cérémonie, la baronne Daumesnil se rendit au cimetière de Vincennes pour y prier sur la tombe de son mari et de sa fille

Louise (1), qui dort à l'ombre des lauriers de son père.

Le 1er octobre de la même année, Périgueux, qui compte parmi ses plus grandes illustrations le général Daumesnil, n'a pas voulu être accusée d'oubli envers un de ses enfants qui l'honore hautement, et lui éleva aussi une statue dans ses murs. Voici comment l'*Écho de la Dordogne* raconte cette imposante cérémonie :

« Le 100e de ligne, commandé par le colonel « baron de Launay, était tout entier sous les « armes, ainsi que les brigades de gendarme- « rie, renforcées des brigades voisines et d'une « batterie du 14e régiment d'artillerie envoyée « de Bordeaux par le ministère de la guerre. « A deux heures précises, M. de Toustain du « Manoir, préfet de la Dordogne, accompagné « du Conseil de Préfecture, vient prendre « place sur l'estrade. Arrivent en même temps

---

(1) Madame Morizot.

« Monseigneur Dagbert, évêque de Périgueux, « et le général Carré de Bellemare, délégué du « Ministère de la Guerre. Aussitôt un grand « mouvement de sympathie se fait dans la « foule : c'est Mme la baronne Daumesnil qui « arrive! Ces mots volent de bouche en bouche « et produisent comme une commotion élec- « trique. La voiture apparaît, en effet, pou- « vant à peine se frayer un passage à travers « les flots pressés d'une population enthou- « siaste. Toutes les têtes se découvrent respec- « tueusement et des cris multipliés de : « *Vive Madame Daumesnil!* » se font « entendre de toutes parts. La vénérable octo- « génaire est très émue et répond par des « gestes de remerciements aux manifestations « de la foule.

« Son fils, M. le baron Daumesnil, qui l'ac- « compagne, est également l'objet d'un sym- « pathique empressement; il se montre vive- « ment reconnaissant de l'ovation qui leur est « faite. Mme la baronne Daumesnil paraît souf-

« frante. Douée d'une grande énergie morale, « elle a vaincu la maladie pour venir, malgré « ses quatre-vingts ans, assister à l'apothéose « de celui dont elle fut la digne compagne. « Elle reçoit les compliments de l'Évêque, du « Préfet, de M. Paul Dupont et des person- « nages de distinction qui viennent lui pré- « senter leurs hommages. Le maire lui offre « un magnifique bouquet. Pendant la céré- « monie, le doux visage de la baronne est « rempli de larmes d'attendrissement; au « retour, elle est de nouveau acclamée, et sa « voiture est inondée de fleurs! A huit heures « du soir, la retraite aux flambeaux; le 100e de « ligne ménageait aux habitants de Périgueux « et à leurs hôtes des surprises nouvelles. Rien « ne saurait rendre l'effet pittoresque de ces « milliers de lanternes allégoriques dont la file « interminable se développait sur toute la lon- « gueur des boulevards, pendant que la « musique militaire, les tambours, les clai- « rons et les trompes de chasse exécutaient le « joyeux air de la retraite de Crimée, si cher à

« tous les Français. L'une des lanternes repré-
« sentait le château de Vincennes avec son
« donjon et ses fossés. Elle en précédait une
« autre qui représentait jusque dans ses dimen-
« sions la statue du général Daumesnil portée
« par huit hommes. La longueur du cortège
« était au moins d'un kilomètre; après, il y
« eut feu d'artifice, dont le signal fut un coup
« de canon. Les fêtes durèrent trois jours
« pendant lesquels il y eut d'abondantes
« distributions de vivres aux pauvres! » . .

. . . .

. . . .

. . . .

. . . .

. . . .

Avant de quitter Périgueux, la baronne Daumesnil voulut visiter la maison où naquit son illustre époux. Cette maison est située au n° 30 de la rue Daumesnil, près de la cathédrale de Saint-Front. Elle est désignée par une plaque de marbre blanc, avec cette inscription en lettres d'or : « *Ici naquit, le 27 juillet 1776, Yrieix Daumesnil, lieutenant général des armées du roi.* » Prévenus de l'arrivée de Mme la baronne Daumesnil et de son fils, les locataires de la maison l'avaient ornée de riches tapis et de fleurs. Les visiteurs furent reçus par M. Amouroux, M. et Mme Gervais, M. Desplat. Ils ont parcouru avec émotion l'intérieur de la maison et sont entrés dans la chambre où est né le général. Une inscription commémorative, placée au-dessus de l'alcôve, rappelle ce souvenir. Là, M. Amouroux a fait un touchant discours qui se terminait par ces mots : « ..... Lorsque le voyageur « viendra visiter les lieux où Daumesnil a « reçu le jour et passé son enfance, nous les « lui montrerons avec orgueil, et nous dirons : « Là est né le brave des braves qui, en 1814 « et en 1815, résista le dernier aux invasions « étrangères, et tira les derniers coups de « canon pour l'indépendance de la France! »

Mme la baronne Daumesnil, profondément

émue, a témoigné sa reconnaissance aux personnes qui l'entouraient et leur a dit combien elle était heureuse de visiter cette maison si remplie de précieux souvenirs, puis, tirant de son carnet *une carte de visite du général* qu'elle avait retrouvée dans ses papiers, elle l'a remise aux locataires en leur disant avec beaucoup de bienveillance et d'à-propos : « Veuillez l'accepter. C'est le général Daumesnil qui vous fait aujourd'hui sa visite de remerciement! » Quelle grâce! Quelle délicatesse! Comme elle avait une manière *à elle* de charmer les cœurs! Lorsqu'elle remonta dans sa voiture, elle la trouva remplie de fleurs, et les groupes qui l'entouraient criaient : « *Vive Madame Daumesnil!* »

A son départ, elle a été reconduite jusqu'à son wagon par les autorités, et la foule se pressait aux barrières pour voir une dernière fois la veuve du valeureux défenseur de la patrie.

La baronne Daumesnil, rentrée à Paris,

continua à faire l'admiration et le charme de ceux qui avaient le bonheur de la voir souvent. Qui peut oublier, après l'avoir connu, ce visage fin et doux, si étonnant de conservation malgré son grand âge, et cet air de bonté qui était le reflet de son âme tendre et pure!

Et quel accueil on recevait d'elle! Quelle indulgence pour autrui dans ses paroles! Comme on reconnaissait en elle la vraie chrétienne, la vraie grande dame!

Quelle mère pour ses enfants chéris, ne rêvant que leur bien et ce qui pouvait les rendre heureux!

Et quel spectacle touchant de voir cette vénérable femme faisant jouer ses arrière-petits-enfants et leur enseignant aussi la connaissance du beau et du bien!

L'intelligence de la baronne Daumesnil avait conservé toute sa lucidité jusqu'à son dernier jour. Elle avait l'esprit très orné, savait une foule de choses et sa conversation était des plus intéressantes : elle avait assisté à tant d'événements et vécu sous tant de règnes! A sa naissance le Directoire, puis le Consulat, le premier Empire, la première Restauration, les Cent Jours, la seconde Restauration, Louis-Philippe Ier, la Révolution de 1848, Napoléon III, la Commune et enfin la République!

La baronne Daumesnil, malgré ses quatre-vingt-neuf ans, avait une mémoire étonnante. Elle excellait aussi dans l'art d'écrire. C'était une autre Mme de Sévigné, et tous ceux qui ont eu la faveur de recevoir des lettres d'elle les conserveront comme modèle du style simple, charmant et élégant, autant que comme un précieux souvenir de la bonté de son cœur! Pourquoi faut-il que la douloureuse séparation de la mort vienne nous enlever des êtres si parfaits? Ils ne devraient jamais mourir!

La baronne Daumesnil aurait pu vivre cent ans : elle avait une de ces fortes organisations devenues si rares aujourd'hui. Mais la sainte femme s'oubliait pour ne songer qu'aux autres.

Malgré son grand âge, elle avait voulu soigner elle-même sa femme de chambre malade; les instances de ses enfants ne pouvaient l'obliger à prendre du repos! Elle a été saisie par le froid, et comptant sur son admirable constitution, elle a refusé d'abord de se laisser donner les premiers soins indispensables! Le médecin fut enfin admis à la voir, ce qu'elle n'acceptait pas facilement, disant aimablement à son docteur : « Docteur, je suis toujours charmée de vous voir, mais il n'en est pas de même pour vos médicaments. » « Je n'ai pas peur de la mort, disait-elle; quand le bon Dieu voudra, je suis prête. » On la voyait dire tous les jours les prières pour la bonne mort! Sa dernière maladie fut une broncho-pneumonie qui l'enleva en huit jours! Son confesseur depuis quarante ans, le vénérable abbé Chevojon, curé de Notre-Dame des Victoires, l'assista dans cette dernière maladie et fut édifié de sa foi ardente et de son courage résigné dans cette épreuve terrible! Elle fit envoyer télégraphiquement sa bénédiction à toute la maison de Saint-Denis, qui était en prières depuis qu'on la savait malade. Deux jours après, vers le soir, elle reçut les sacrements, et à une heure dix minutes du matin, le 6 avril 1884, elle s'éteignit sans souffrances, dans le plus grand calme, avec l'auréole des justes sur le front. On sentait que sa belle âme devait être auprès de Dieu (1)!

Mais quelle douleur pour ceux qui l'aimaient et qui restent après elle dans cette vallée de larmes! Quel exemple pour tous les âges qu'une telle vie! Tous peuvent y trouver un enseignement profond : ce sentiment d'honneur, cette bonté qu'elle aurait inventée si Dieu ne nous l'avait fait connaître comme sa plus divine empreinte, sa force dans les épreuves! Ah! le pays se relèverait bientôt s'il comptait beaucoup de femmes et de mères comme elle!

---

(1) La baronne Daumesnil a voulu être ensevelie avec la robe qu'elle portait en soignant son mari lorsqu'il fut atteint et enlevé par le choléra en 1832.

Repose en paix, noble femme; ta mémoire vivra dans le cœur de ceux qui aiment, qui espèrent et qui croient à une autre vie où nous te reverrons! Qui t'a connue ne t'oubliera jamais!

NOTES

Ci-après quelques lignes tirées de plusieurs journaux, à la mort de la baronne Daumesnil.

« *Le Figaro :*

« 8 Avril 1884.

« La chère et sainte femme qui vient
« d'expirer après quatre-vingt-neuf ans d'une
« vie exemplaire, et qui dort ensevelie sous
« les roses, était la veuve de l'illustre général
« Daumesnil, gouverneur de Vincennes en
« 1814 et 1815. . . . .

. . . .

« Il fallait entendre la baronne Daumesnil,
« après cinquante-six ans de veuvage, parler
« de ce glorieux compagnon de sa jeunesse !
« Sur son doux visage, pâli et amaigri par les

« années, passait la flamme de l'éternel sou-
« venir! En 1851, la noblesse de son carac-
« tère, la dignité de sa vie et son illustre nom
« la désignèrent pour remplir les fonctions de
« surintendante de la Maison Impériale de
« Saint-Denis.

« Là, son esprit si élevé, si ouvert aux
« grandes choses, si épris de littérature et d'art,
« put se déployer à l'aise. Pendant dix-huit
« ans, cette intelligence supérieure, voilée sous
« la modestie de la femme et le dévouement
« de la mère, rayonne dans tout son éclat.

« La baronne Daumesnil, revenue à la vie
« privée, resta jusqu'à son dernier jour l'idole
« de ceux qui avaient eu l'honneur de la
« connaître. Dans son salon de la rue Bayard,
« cette exquise vieille femme gardait les grandes
« manières du passé. Bonne et charmante avec
« une pointe de douce malice, cœur brûlant
« et charitable dont on sentait la chaleur,
« âme d'enfant et d'héroïne qui n'avait connu

« et chéri que le devoir, esprit raffiné qui
« suivait le mouvement littéraire de son temps
« et portait, sur tout, le jugement le plus juste,
« elle avait des causeries auxquelles on ne
« pouvait s'arracher. Quel exemple qu'une
« telle vie! Quel exemple qu'une telle mort!
« Il y a huit jours encore, elle recevait ses
« amis, faisant les honneurs de son salon avec
« sa chère petite-fille la vicomtesse de Clairval
« (rien n'était plus touchant que l'adoration
« qui unissait ces deux femmes.) La mort l'a
« touchée au front, elle l'a sentie, elle a
« demandé elle-même à remplir ses devoirs
« de chrétienne, et elle est partie, résignée,
« sans peur, sans reproche, digne veuve du
« Bayard moderne!

. . . .

« Étincelle. »

Le Petit Caporal :

« 11 Avril 1884.

« Il est consolant et salutaire de saluer d'un « adieu respectueux de telles figures gran- « dioses et pures, qui sont un honneur pour « le pays et une espérance pour son relève- « ment dans l'avenir ; car, tant qu'il y aura « des familles vraiment françaises, nous ne « devons pas désespérer. Notre devoir étroit, « absolu, est de les donner comme exemple et « de les proposer à l'admiration, au respect « de nos lecteurs et de nos amis. Nous « sommes certains qu'ils seront avec nous et « donneront un souvenir ému et sympathique « à la femme de bien, à la veuve sans peur et « sans reproche dont la mémoire sera pré- « cieusement gardée dans les souvenirs et « dans les cœurs de tous ceux qui aiment la « France et qui espèrent pour elle des jours « meilleurs et plus glorieux !.....

« MONBUISSON. »

Le Clairon :

« 9 Avril 1884.

« La baronne Daumesnil, dont nous rappor-
« tons plus loin les obsèques, était une femme
« d'un cœur admirable et d'une intelligence
« supérieure..... »

Le Figaro :

« 9 Avril 1884.

« Les obsèques de Mme la baronne Dau-
« mesnil, surintendante honoraire de la maison
« de la Légion d'honneur, ont été célébrées
« hier, à midi, en l'église Saint-Pierre de
« Chaillot, sa paroisse, au milieu d'une nom-
« breuse assistance. Le cercueil disparaissait
« sous les couronnes et sous les fleurs. Le deuil
« était conduit par M. le baron Daumesnil,
« fils de la défunte; MM. de Noas et Morizol,
« ses gendres; le comte de Fresne, petit-gendre,
« et M. Pierre de Clairval, arrière-petit-fils.
« Derrière le char funèbre marchait un maître

« des cérémonies portant sur un coussin,
« voilés d'un grand crêpe, le grand cordon et
« la croix des surintendantes de la Légion
« d'honneur. Puis venaient les députations
« des élèves de Saint-Denis et des succursales
« d'Écouen et des Loges, ayant à leur tête
« M. le général Rousseau, représentant la
« grande chancellerie; Mme Le Ray, surinten-
« dante, et le premier aumônier de la Légion
« d'honneur. Il faudrait nommer tout Paris,
« si nous citions les noms de tous ceux qui
« assistaient à ces douloureuses funérailles,
« je dis douloureuses, car il y en a si peu où
« l'on soit sincèrement triste et véritablement
« recueilli! On n'entendait que des sanglots!
« Pendant la messe, dite par M. l'abbé
« Cousin, la maîtrise, sous la direction de
« M. Betringer, maître de chapelle, a interprété
« le *Kyrie* et le *Pie Jesu* de Niedermeyer,
« l'*Offertoire* d'Hippolyte Monpou et l'*Agnus*
« de Stradella.

« Après l'absoute donnée par M. l'abbé

« Sabatier, le cercueil a été placé dans un « fourgon des Pompes funèbres et transporté « directement au cimetière de Vincennes, où « l'inhumation a eu lieu dans le monument « élevé à l'héroïque général Daumesnil.

La Patrie :

« 9 Avril 1884.

« LA BARONNE DAUMESNIL.

« La France vient de perdre une de ces « nobles et saintes femmes qui ajoutent à ses « plus belles gloires : la baronne Daumesnil, « la veuve de l'illustre et héroïque général qui « défendit Vincennes en 1814, la surintendante de la maison impériale de la Légion « d'honneur, est morte à l'âge de quatre-vingt-« dix ans, regrettée de tous ceux qui eurent « l'honneur et le bonheur de la connaître, « pleurée surtout par les jeunes élèves de « Saint-Denis, qui la vénéraient comme une « sainte, qui l'aimaient comme une mère.

« La baronne Daumesnil, née Garat, était « fille du premier directeur de la Banque de « France. Son nom de demoiselle comme son « nom de femme devaient rester tous les deux « très populaires.

« La Révolution était à peine apaisée quand « elle vint au monde. Ce sont ses sanglantes « hécatombes qu'on lui racontait, encore « enfant. Elle apprit ainsi que son père, « Martin Garat, serait monté dans la fatale « charrette qui ne s'arrêtait qu'au pied de « l'échafaud, si le 9 thermidor n'avait pas « fait, par un bonheur inespéré, s'ouvrir les « portes de sa prison.

« Dès qu'elle fut en âge de se marier, elle « épousa le général Daumesnil. Ce fut un « mariage d'amour. Bénie du ciel, cette union « devait être des plus heureuses.

« Elle était déjà Mme Daumesnil lorsque, en « 1814, son mari, gouverneur de Vincennes, « défendit cette citadelle contre les alliés et,

« sommé de la rendre, leur fit la fameuse « réponse : « Je rendrai Vincennes quand « vous m'aurez rendu ma jambe. » (On sait « qu'il avait perdu une de ses jambes à la « bataille de Wagram et qu'il l'avait remplacée « par une jambe de bois.) Mme Daumesnil « eut le courage de traverser le camp ennemi « pour aller rejoindre son mari au donjon de « Vincennes.

« Ce ne fut pas la seule fois que le général « Daumesnil eut à défendre cette place contre « les coalisés. Après les Cent Jours, Blücher « lui offrit, *par écrit*, trois millions s'il « voulait céder la citadelle : — « Je ne vous « rendrai ni la place que je commande, ni « votre lettre, répondit le fidèle et héroïque « soldat : à défaut d'autre richesse, cette lettre « servira de dot à mes enfants. »

« Le gouvernement de la Restauration mit « immédiatement à la retraite le général Dau- « mesnil, — qui n'avait pas reçu moins de

« vingt blessures en combattant pour la France.
« — Sa femme lui restait : il se consola.

« Mais le gouvernement de Juillet arriva « qui le rétablit dans son grade de général de « division et dans son poste de gouverneur de « Vincennes.

« Plus tard, quand les ministres de Charles X « étaient conduits à la citadelle et que l'on « craignait que le peuple en armes ne se jetât « sur eux pour leur faire un mauvais parti, le « général eut encore l'occasion de montrer « son sang-froid, son énergie, la générosité de « son caractère. Il savait combien le peuple « l'aimait et le respectait. La garde nationale « aurait pu faiblir ; la déférence que le peuple « témoignait au brave à la *jambe de bois* ne « faiblirait pas. Le général monta dans la « voiture avec M. de Polignac.

« Les ministres furent respectés.

« Ce fut Mme Daumesnil qui prodigua aux « nobles prisonniers, une fois enfermés dans

« le donjon de Vincennes, ses soins pieux, ses « consolations, et qui adoucit leur captivité.

« Mais le général ne devait pas profiter « longtemps de la justice que lui avait rendue « le roi Louis-Philippe : en 1832, cet homme, « qui avait bravé la mitraille et les boulets, fut « emporté par le choléra. Dès lors, sa veuve, « abîmée dans la douleur, se retira du monde, « ne cherchant plus que le silence et la soli- « tude, pour se dévouer tout entière à ses « enfants.

« Ce ne fut que près de vingt ans plus tard, « en 1851, qu'elle fut appelée par le prince- « président à remplir les fonctions de surin- « tendante de la maison de Saint-Denis. Elle « les garda pendant dix-huit ans, jusqu'à la « chute de l'Empire.

« Elle se retira dans un appartement de la « rue Bayard, dont le salon était le rendez-vous « des personnes du meilleur monde : amis « fidèles, esprits fins et délicats, causeurs

« aimables, gens de cœur, qui venaient rendre « hommage à cette noble et vénérable femme.

« Sa petite-fille, Mme la vicomtesse de Clairval, « l'aidait à faire les honneurs. L'aïeule et la « jeune femme s'adoraient. La mort pouvait « seule les séparer !

« Dès qu'elle la sentit venir, la baronne « Daumesnil demanda les secours de la reli- « gion, puis s'éteignit, comme elle avait vécu, « la foi au cœur, la prière aux lèvres, la main « dans la main de sa chère petite-fille, la « vicomtesse Thérèse de Clairval.

Gazette rose,

Avril 1884.

« MADAME LA BARONNE DAUMESNIL.

Quelques lignes d'une amie.

. . . .

« Nous qui avons particulièrement connu « Mme la baronne Daumesnil, nous savons « combien elle méritait d'être aimée, combien, « malgré son grand âge, elle était restée jeune

« d'esprit et de cœur; sa sensibilité n'avait pas
« plus vieilli que son intelligence; sa conver-
« sation était charmante, animée, pleine de
« souvenirs intéressants et dont nous avons
« entendu plusieurs fragments, dans une
« douce intimité à la campagne. A quatre-
« vingt-neuf ans, elle avait conservé le goût
« de la musique et jouait encore d'une manière
« agréable, presque brillante. C'étaient des
« souvenirs d'autrefois que sa bonne mémoire
« avait retenus : des valses, de jolis morceaux,
« des romances non chantées, mais délicieu-
« sement jouées. Les années, en s'appesantis-
« sant sur nous, ne nous laissent pas ordinai-
« rement la faculté de ces passe-temps aimables,
« qui cependant distraient des tristesses de la
« vie et en suspendent momentanément le poids.
« Il faut une grande force morale, unie à la
« philosophie chrétienne, pour en garder le
« goût et l'aptitude. C'est ce qui faisait de
« Mme la baronne Daumesnil une exception si
« rare et si charmante!

« Baronne F... »

La Société d'Encouragement au bien ne pouvait que distinguer cette *femme de bien* par excellence. Voici ce que dit le *Moniteur universel* du 27 juin 1884 :

« Parmi les récompenses décernées dans la « dernière assemblée de la Société d'Encoura- « gement au bien, nous devons faire tout spé- « cialement mention de la médaille d'honneur « attribuée à Mme la baronne Daumesnil, la « veuve de l'illustre gouverneur du château « de Vincennes en 1815 et la surintendante « honoraire de la Légion d'honneur à Saint- « Denis.

« La baronne Daumesnil étant décédée, la « médaille a été convertie en couronne civique « entourée du grand cordon rouge et déposée, « suivant la décision de la Société, sur la « tombe de la vénérable baronne, à Vincennes. « En conséquence, cette couronne a été remise « à l'arrière-petit-fils du général et de la « baronne Daumesnil, le jeune Pierre de

« Clairval (1), élève de l'institution Sainte-
« Marie, rue de Monceau, qui, tout ému, est
« allé la recevoir des mains du Président de
« la Société, aux acclamations de l'assem-
« blée. »

Il est impossible de nommer les journaux de tous les pays qui ont rendu hommage à la mémoire de la baronne Daumesnil; les quelques articles que j'ai cités montrent qu'il y a encore en France des cœurs qui apprécient les vrais et nobles sentiments !

(1) Qui a un si profond chagrin de la mort de sa bonne bisaïeule.

POÉSIES DIVERSES

Deux garants sont acquis à ce grand souvenir :
L'un c'est votre pensée, et l'autre c'est l'histoire.
Vous fîtes son bonheur, vous vivez pour sa gloire,
Par des récits touchants vous savez l'embellir :
On l'admire partout, auprès de vous on l'aime.
Comme on jouit de voir dans l'illustre guerrier
D'un esprit vif et franc le charme familier,
Et ce cœur toujours prêt à s'oublier soi-même!
Dans nos jours ténébreux comme dans nos jours sereins
D'un sympathique attrait qui pourrait se défendre?
On dirait que, pour prix de l'amour le plus tendre,
Un crayon de Plutarque a passé par vos mains!

LACRETELLE,
de l'Académie Française.

30 Décembre 1843.

A DAUMESNIL

Lorsque, dans les champs de la gloire,
Ton courage fût arrêté,
Un des lauriers de la victoire
A tes côtés était planté.
Mars coupa sur cette entrefaite
Ce laurier ornement des rois,
Des feuilles décora ta tête,
Du tronc fit ta jambe de bois.

PRADEL

Poète improvisateur.

VINCENNES — SAINT-DENIS

Vincennes, Saint-Denis ! O cloître ! O citadelle !
L'un plein de jeunes fleurs, l'autre de vieux canons,
Du brave Daumesnil, de sa veuve fidèle
Vous proclamerez les deux noms !

La France confia ses soldats héroïques
A la Jambe de bois, cœur d'or, bras de fer,
Exemple des vertus guerrières, stoïques.
On sait comme il garda ce dépôt noble et fier.

Et la France, aujourd'hui, remet leurs jeunes filles
Sous la main qu'en mourant pressa le général,
Afin qu'après dix ans, ce trésor des familles,
Plus riche et plus parfait, retourne au toit natal.

Vincennes, Saint-Denis ! O cloître ! O citadelle !
L'un plein de jeunes fleurs, l'autre de vieux canons,
Du brave Daumesnil, de sa veuve fidèle
Vous glorifierez les deux noms !

ÉMILE DESCHAMPS.

Vincennes et Saint Louis ! Vincennes et Daumesnil.

VICTOR HUGO.

LA BARONNE DAUMESNIL

Nous ne la verrons plus... Dieu, qui l'avait laissée
S'attarder parmi nous, fit un dernier appel
Et lui dit : « C'est le soir, l'heure est fort avancée :
Il est temps de rentrer au ciel. »

Ce grand nom Daumesnil sur elle se reflète;
Il la faisait briller par son rayon vermeil :
La femme d'un héros est comme la planète,
Qu'éclaire un reflet du soleil.

Mais plus lourd à porter que les fleurs et la gaze,
Quand le nom d'un héros, inscrit dans nos combats,
Se pose sur le front d'une femme, il l'écrase,
Quand il ne la couronne pas.

Ce brave Daumesnil, si grand dans sa défense,
Fit de sa forteresse un poste triomphal.
De sa jambe de bois, il fallait que la France
Fît un bâton de maréchal.

Mais on suivait alors une bannière blanche;
Il servait l'Empereur, que l'Europe écrasait,
Sur sa jambe de bois, comme sur une branche,
L'aigle blessé se reposait.

Chêne de Saint Louis célèbre entre les chênes,
Jambe de Daumesnil, souvenirs vénérés,
Vous avez illustré la forêt de Vincennes,
En y mêlant vos bois sacrés.

Quand le héros fut mort, la veuve eut pour domaine
Tout un gouvernement, dont elle fut la reine.
Sa vie est dans deux mots : Vincennes, Saint-Denis.
Dans sa grande maison de l'honneur, murs bénis,
Les enfants apprenaient, par ses conseils austères,
A suivre vaillamment, filles de militaires,
Le drapeau du devoir, sans jamais déserter.

Quand elles la quittaient, pour aller habiter
Sous le toit paternel, chastes, pures, sévères,
Les filles, qui suivaient l'exemple de leurs pères,
Formaient, dans leurs logis, des légions d'honneur.

Dans l'ombre enfin, cherchant le calme et le bonheur,
Elle aussi reprit place au foyer de famille,
Auprès de son joyau, de sa petite-fille,
De son dernier amour, qui triomphait des ans,
Amour d'aïeule, éclos pour ses petits-enfants
Comme ces fleurs d'hiver, qu'on nomme perce-neige.

Mais ce nom que la gloire aimait, que Dieu protège,
Son fils le porte encore, dignement, noblement;
Il ne s'éteindra pas, dit-on vulgairement;
Mais un grand nom reluit toujours, rien ne le voile;
On éteint un flambeau, mais jamais une étoile.

Noble femme! Chacun restait émerveillé
Quand elle entrait chez nous, l'esprit ensoleillé,
Et le printemps dans l'âme et dans la causerie.
On croyait, en voyant sa vieillesse fleurie,
Au milieu du salon voir un jardin d'hiver.

Mais le temps fait toujours sentir son poids de fer,
Et quatre-vingt-neuf ans, même quand ils se cachent,
Mettent au corps vieilli des boulets qu'ils attachent.
Malgré son doux sourire et son cœur printanier,
Ses pieds étaient raidis pour monter l'escalier;
Aujourd'hui, plus rapide, elle gravit l'échelle
Des anges du Seigneur : la mort lui donne une aile.

Anaïs SÉGALAS.

Fait à l'occaion du douloureux anniverssaire de la mort de la baronne Daumesnil.

Avril 1885.

8228. — IMP. Ve ÉTHIOU PÉROU ET FILS, 2 ET 4, R. DE DAMIETTE, PARIS.

www.ingramcontent.com/pod-product-compliance
Ingram Content Group UK Ltd.
Pitfield, Milton Keynes, MK11 3LW, UK
UKHW021004220726
13924UKWH00002B/882